AF391053

VENTE PARTIELLE

AUX ENCHÈRES PUBLIQUES

Par suite de Dissolution de Société enregistrée et publiée
conformément à la loi

DE

CHEMINÉES

ET

OBJETS D'ART

AVENUE DE SUFFREN, N° 13

Les Lundi 28, Mardi 29 et Mercredi 30 Novembre 1887

A DEUX HEURES PRÉCISES DE RELEVÉE

Par le ministère de **M° J. PLAÇAIS**, Commissaire-Priseur
au département de la Seine,
demeurant à Paris, rue Hippolyte-Lebas, 5,
Assisté de **M. J. LOUVET**, ancien Marbrier, demeurant à Paris,
rue de la Comète, 20.

CHEZ LESQUELS SE TROUVE LE CATALOGUE

DÉSIGNATION SOMMAIRE

Objets d'art provenant de l'ancien Palais des Tuileries. — Deux grandes Statues
en pierre. — Quatre Colonnes en marbre de 4ᵐ de hauteur. — Rampe en fer forgé
ornée de bronzes.

Revêtements en marbres divers et bronzes dorés d'une grande salle à manger,
provenant de **l'ancien Hôtel de Pontalba.**

Objets d'art : Dix grandes Statues en marbre et pierre, Statuettes, Bustes, Vases
en marbre et granit oriental ornés de sculpture ou bronzes, Piédestaux, grandes et
petites Colonnes, Chapiteaux, Gaînes, Fûts de colonnes, Vasques, Coquilles, etc., etc.

Cheminées riches, anciennes et modernes, en marbres divers, ornées de sculpture
ou bronzes. — Cheminées de commerce. — Nombreux Débarras, etc., etc.

EXPOSITION PUBLIQUE

Les Vendredi 25, Samedi 26 et Dimanche 27 Novembre 1887

DE DIX HEURES A CINQ HEURES

PARIS — 1887

CONDITIONS DE LA VENTE

———

Les adjudications auront lieu sans aucune espèce de garantie et expressément au comptant.

En cas de non payement les Marchandises et Objets adjugés seront revendus sur folle enchère aux risques et périls des Acquéreurs. Les Adjudicataires paieront en sus de leur prix d'adjudication CINQ POUR CENT applicables aux frais de vente. A partir de l'adjudication et jusqu'à l'enlèvement, les Marchandises et Objets adjugés demeureront à la charge et aux risques et périls des Acquéreurs.

Les Acquéreurs seront tenus d'enlever à leurs frais et à leurs risques et périls les Marchandises et Objets à eux adjugés dans le délai de cinq jours, à partir du *Jeudi 1ᵉʳ Décembre 1887*, et ces enlèvements devront être faits le matin, de 7 heures à midi et de 2 heures à 5 heures du soir.

NOTA. — Il est fait observer que les dimensions contenues dans le présent Catalogue sont données à titre de renseignements.

DÉSIGNATION

CHEMINEES

(Les mesures ne sont données que comme renseignement)

	Long. du foyer	Haut. sur tablette
1 — Pompadour, marbre Joinville...	1^m20	1^m03
2 — Capucine à cadre et revêtements, noir veiné..................	1^m10	1^m00
3 — Modillons, noir français.........	0^m90	0^m96
4 — Modillons, blanc clair..........	1^m10	0^m96
5 — Louis XVI, blanc clair, à consoles et panneaux.................	1^m50	1^m08
6 — Pompadour, sarancolin des Pyrénées.....................	1^m15	1^m01
7 — Louis XIV, avec sculpture, bleu fleuri.......................	1^m50	1^m11
8 — Consoles galbées, Joinville......	1^m30	0^m96
9 — Louis XV, avec sculpture, en cerfontaine (ancienne restaurée)...	1^m53	1^m12
10 — Pompadour, noir français.......	1^m30	1^m03
11 — Consoles galbées, Henriette.....	1^m30	1^m01
12 — Pompadour, noir fin...........	1^m30	1^m06
13 — Pompadour, noir moucheté.....	1^m20	1^m00
14 — Louis XV, Campan rubanné....	1^m45	1^m10

CHEMINÉES

	Long. du foyer	Haut. sur tablette
15 — Modillons, noir français	0^m90	1^m00
16 — Louis XV, rouge royal (ancienne, restaurée).................	1^m50	1^m03
17 — Modillons, blanc veiné........	1^m15	0^m97
18 — Pompadour, noir fin, avec incrustation en brocatelle d'Espagne.	1^m30	1^m06
19 — Louis XIII, travers coin rond, noir fin....................	1^m25	1^m13
20 — Consoles galbées, Henriette.....	1^m15	1^m00
21 — Louis XVI, à pilastres, blanc clair....................	1^m10	1^m02
22 — Louis XVI, rouge royal (ancienne restaurée)...................	1^m55	1^m12
23 — Louis XIII, travers droit, brèche fleur de pêcher.............	1^m30	1^m09
24 — Mauresque, blanc clair.........	1^m10	1^m20
25 — Louis XIII, travers droit, moulure rapportée, noir veiné.....	1^m40	1^m08
26 — Pompadour, rouge de Flandre..	1^m05	1^m00
27 — Louis XIV, blanc veiné (ancienne, restaurée)....................	1^m55	1^m13
28 — Louis XVI, à pilastres, marbre Caroline...................	1^m10	1^m03
29 — Pompadour, à consoles, noir veiné....................	1^m20	1^m01
30 — Consoles galbées, à rouleaux et feuilles, noir fin.............	1^m40	1^m00
31 — Louis XV, avec sculpture, blanc clair....................	1^m60	1^m11
32 — Louis XIV, à volutes, et sculpture blanc clair..................	1^m50	1^m10
33 — Louis XVI, rouge cerfontaine (ancienne, restaurée)..........	1^m27	1^m05
34 — Cheminée-Poêle, Languedoc....	1^m10	1^m44
35 — Pompadour à consoles, bleu fleuri.................	1^m15	1^m03

CHEMINÉES

	Long. du foyer	Haut. sur tablette
36 — Louis XVI, 1re année (ancienne, restaurée)......................	1^m46	1^m12
37 — Louis XIV, Languedoc (ancienne, restaurée)......................	1^m40	1^m08
38 — Louis XIII, travers à coin rond, rouge de Flandre	1^m25	1^m12
39 — Renaissance italienne, rouge de Véronne (ancienne, restaurée)..	1^m50	1^m20
40 — Pompadour, noir fin............	1^m10	1^m03
41 — Louis XV, noir veiné............	1^m55	1^m15
42 — Louis XV, avec sculpture, blanc clair......................	1^m55	1^m10
43 — Pompadour, Joinville...........	1^m30	1^m02
44 — Louis XV, avec sculpture, en griotte, œil de perdrix........	1^m18	1^m00
45 — Américaine, sarrancolin des Pyrénées......................	1^m75	1^m17
46 — Louis XVI, avec sculpture, blanc clair......................	1^m30	1^m06
47 — Louis XV, avec sculpture, Sainte-Anne (ancienne, restaurée).....	1^m35	1^m05
48 — Pompadour, rouge de Flandre..	1^m00	1^m01
49 — Modillons, à culots et rouleaux, blanc clair...................	1^m10	1^m04
50 — Louis XV, avec sculpture, blanc clair......................	1^m15	1^m01
51 — Louis XV, avec sculpture, blanc clair......................	1^m15	0^m97
52 — Louis XIV, travers, coin rond, Languedoc...................	1^m40	1^m10
53 — Louis XV, avec sculpture, blanc.	1^m15	1^m01
54 — Louis XV, travers, coin rond, noir fin......................	1^m30	1^m09
55 — Console à griffes et feuilles griotte, œil de perdrix...............	1^m50	1^m07
56 — Louis XV, avec sculpture, blanc clair......................	1^m50	1^m10

CHEMINÉES

	Long. du foyer	Haut. sur tablette
57 — Louis XV, avec sculpture, blanc clair....................	1^m50	1^m10
58 — ouis XIV, travers cintré, vert de mer....................	1^m75	1^m20
59 — Louis XIV, blanc clair.........	1^m35	1^m09
60 — Louis XIV, à volutes, avec sculpture, blanc clair.............	1^m50	1^m10
61 — Louis XV, avec sculpture, blanc clair....................	0^m95	0^m80
62 — Louis XV, avec sculpture, blanc clair....................	0^m90	0^m90
63 — Louis XVI, à consoles, travers avec entrelacs et feuilles, blanc veiné (ancienne restaurée).....	2^m45	1^m85
64 — Pompadour, blanc clair.........	1^m00	0^m98
65 — Louis XIII, travers, coin rond, vert de Corse..............	1^m30	1^m16
66 — Louis XIV, rouge rance (ancienne restaurée).............	1^m60	1^m20
67 — Louis XIV, blanc veiné (ancienne restaurée).....................	1^m45	1^m14
68 — Partie supérieure de cheminée Louis XIII, rouge de Flandre.	1^m80	0^m50
69 — Louis XVI, cypolin rose, tête de femme au travers, feuilles, carquois, etc. (Modèle réservé)...	1^m25	1^m06
70 — Louis XVI, cypolin vert, tête de femme au travers, lauriers, feuilles, oves, etc. (Modèles réservés).....................	1^m90	1^m35
71 — Louis XV, blanc statuaire, enfants portant des corbeilles, fleurs et fruits, tête de femme au travers, cornes d'abondance, feuilles, etc.	2^m08	1^m30
72 — Louis XV, avec sculpture, griotte œil-de-perdrix (fonte intérieure)..	1^m65	1^m11

CHEMINÉES

	Long. du foyer	Haut. sur tablette
73 — Louis XIV, blanc statuaire, à quatre Consoles, cariatides, grande coquille milieu, rosaces, feuilles, etc. (Modèle provenant du château de Versailles).....	1^m90	1^m12
74 — Louis XVI, blanc clair, entrelacs, perles, feuilles, etc...........	1^m65	1^m12
75 — Louis XIII, travers droit, forte moulure, Languedoc.........	2^m00	1^m43
76 — Louis XIV, brèche violette, coquilles, feuilles, etc. (Modèle réservé)......................	1^m90	1^m25
77 — Louis XIII, travers droit à acrotère, avec feuilles aux angles, cannaux, etc., jaune fleuri.....	1^m65	1^m60
78 — Louis XIV, travers cintré, rouge acajou......................	1^m97	1^m60
79 — Louis XVI, blanc clair, rosaces, perles détachées, entrelacs, feuilles, etc..................	1^m65	1^m15
80 — Louis XIII, forte moulure, crossettes, sarancolin des Pyrénées.	1^m55	1^m16
81 — Louis XVI, blanc clair, rosaces, entrelacs, perles détachées, feuilles, etc..................	1^m65	1^m14
82 — Louis XIII, à partie supérieure (étuve) Languedoc...........	1^m47	1^m77
83 — Louis XIII, travers droit, forte moulure, sarencolin des Pyrénées........................	1^m50	1^m20
84 — Louis XIV, Brèche d'Alep, travers bombé (ancienne restaurée).....................	1^m64	1^m17
85 — Louis XVI, blanc clair, travers à feuilles de vigne, raisins, feuilles, etc..................	1^m60	1^m09

CHEMINÉES

	Long. du foyer	Haut. sur tablette
86 — Louis XVI, blanc statuaire, à quatre consoles, têtes de lion, frise riche, ornements divers, etc....................	$1^m 70$	$1^m 19$
87 — Louis XIV, blanc veiné, sculptures, têtes sur les côtés, feuilles consolesà volutes, etc. (ancienne restaurée)....................	$1^m 90$	$1^m 22$
88 — Louis XVI, blanc statuaire, table saillante avec travers, guirlandes de fleurs, postes, perles détachées, bouquets, etc...........	$1^m 60$	$1^m 10$
89 — Louis XVI, blanc statuaire à Caryatides, carquois, lauriers, etc.	$1^m 45$	$1^m 15$
90 — Louis XVI, sarancolin des Pyrénées et bronzes dorés, têtes de bélier, postes, perles oves, feuilles, etc......................	$1^m 75$	$1^m 17$
91 — Louis XIV, Paonazzo..........	$1^m 60$	$1^m 20$
92 — Louis XVI, blanc statuaire avec colonnes, bas-relief au milieu, entrelacs, rosaces, chutes, etc. (avec intérieur bronze doré)...	2^m »	$1^m 27$
93 — Renaissance, en grès, avec sculpture, grande frise à enfants, etc. (ancienne)....................	$2^m 65$	$2^m 50$
94 — Louis XVI, blanc veiné, consoles à volutes et tigettes, travers à entrelacs et feuilles (ancienne).	$2^m 70$	$1^m 92$
95 — Renaissance flamande, en granit poli du nord, grand fronton, sculpture, bossages en marbre rouge, etc....................	$1^m 95$	$2^m 10$
96 — Louis XIV, vert de mer, travers bombé et cintré, etc..........	$1^m 75$	$1^m 20$
97 — Renaissance, noir fin, avec médaillon dans la partie inférieure.	$1^m 60$	$3^m 25$

CHEMINÉES

	Long. du foyer	Haut. sur tablette
98 — Louis XVI, blanc clair, travers bombé, entrelacs, feuilles, rosaces, etc.	1ᵐ55	1ᵐ13
99 — Louis XIII, travers droit, sarancolin des Pyrénées.	1ᵐ40	1ᵐ13
100 — Louis XVI, blanc clair, à quatre consoles, rosaces, perles détachées, feuilles piastres, entrelacs, etc.	1ᵐ85	1ᵐ24
101 — Empire, blanc statuaire, enfants, griffons, flambeaux (ancienne restaurée).	1ᵐ30	1ᵐ14
102 — Louis XV, griotte œil-de-perdrix, avec fonte intérieure.	1ᵐ65	1ᵐ11
102 *bis* — Sous ce numéro, sont incrites, toutes les Cheminées dépareillées, Capucines, Médaillons, Consoles et Débarras.		

OBJETS PROVENANT DE LA DÉMOLITION DU CHATEAU DES TUILERIES

Deux Statues en pierre. — Quatre grandes Colonnes marbre une Rampe fer et bronzes

103 — La Gloire, par Legros. Hauteur 2ᵐ20.

103 *bis* — L'Étude, par Puissant. Haut. 2ᵐ20.

104 — Une Colonne marbre rouge rance. Haut. 3ᵐ93. Diamètre 0ᵐ51.

104 *bis* — Une Colonne semblable.

105 — Une Colonne semblable.

105 *bis* — Une Colonne semblable.

OBJETS D'ART ET DIVERS

SAVOIR :

STATUES ET STATUETTES

106 — Une Statue assise, marbre blanc : Juvénal, par Courbarieu. Hauteur 1^{m}65. Base 1^{m}30.

107 — Une Statue : Bacchus, marbre (antique). Haut. 1^{m}60.

108 — Une Statue : Bacchus à la panthère, marbre cypolin rose, copie d'antique. Haut. 1^{m}90.

109 — Une Statue : Flore, marbre blanc. Haut. 2^{m}20.

110 — Une Statue : Antinoüs, marbre blanc. H. 2^{m}20.

111 — Une Statue : Diane (pierre). Haut. 2^{m}20.

112 -- Une Statue : Antinoüs (pierre). Haut. 2^{m}20.

113 -- Deux Statuettes, époque Louis XIV, terre cuite. Haut. 0^{m}70.

BAS-RELIEF ET BUSTES

114 — Un grand Bas-Relief, d'époque Louis XIV, médaillon (Tête de Femme), enfants, ornements, etc. Hauteur 1^{m}74. Largeur 1^{m}38.

115 — Un Buste : Caracalla (copie d'antique), tête bronze, draperie albâtre oriental.

116 — Un Buste : Agrippine Junior (copie d'antique), tête bronze, draperie cypolin vert.

OBJETS D'ART

117 — Un Buste : Portrait de Louis XVIII.

118 — Un Buste ancien : Femme.

119 — Un Buste ancien : Femme.

120 — Un Buste ancien : Femme.

121 — Un Buste ancien : Femme.

122 — Un Buste ancien : Homme.

123 — Un Buste ancien : Homme.

124 — Un Buste ancien : Homme.

125 — Un Buste ancien : Homme.

126 — Un Buste ancien : Homme.

VASES GRANIT POLI, MARBRE ET BRONZE

127 — Un Vase, granit rose oriental, avec anses détachées et bronzes dorés. Hauteur 1^m85. Diamètre 0^m85.

128 — Un Vase, granit rose oriental, avec anses détachées. Haut. 1^m00. Diam. 0^m57.

129 — Un Vase Louis XV, marbre blanc, orné de sulpture. Haut. 1^m10. Diam. 0^m05.

130 — Un Vase semblable au précédent. Haut. 1^m10. Diam. 0^m05.

131 — Un Vase Louis XVI, albâtre oriental, orné de sculpture et bronzes dorés. Haut. 0^m95. Diam. 0^m70.

132 — Un Vase semblable au précédent. Haut. 0^m95. Diam. 0^m70.

133 — Un Vase Louis XVI, marbre blanc, orné de sculpture. Haut. 1^m00. Diam. 0^m72.

VASQUES, COQUILLES ET BÉNITIERS, MORTIER

134 — Une grande Vasque, en brocatelle d'Espagne (montée sur pivot), forme carrée, angles ren·trants, feuilles godrons, cannaux, etc. Hauteur 1ᵐ00. Largeur 1ᵐ20.

135 — Une Vasque coquille, marbre blanc, avec son pied à trois consoles. Haut. 0ᵐ90. Larg. 0ᵐ87.

136 — Une Vasque coquille, marbre rouge, avec son pied. Haut. 0ᵐ95. Larg. 0ᵐ90.

137 — Une Vasque, marbre rouge et son pied en pierre. Haut. 1ᵐ00. Larg. 1ᵐ05.

138 — Une Vasque, marbre rouge. Haut. 0ᵐ50. Largeur 1ᵐ35.

139 — Une Vasque, semblable à la précédente. Hauteur 0ᵐ50. Larg. 1ᵐ35.

140 — Huit petites Vasques, coquilles ou bénitiers, marbres rouge, blanc et noir. Mesures diverses.

141 — Un grand Mortier en marbre noir. Haut. 0ᵐ60. Larg. 1ᵐ05.

141 *bis* — Une Coquille Louis XV, avec sculpture. Haut. 0ᵐ52. Long. 1ᵐ36.

PIÉDESTAUX

142 — Un Piédestal carré, marbre blanc, moulures haut et bas. Hauteur 0ᵐ95. Plateau 0ᵐ72.

143 — Un Piédestal semblable au précédent. Hauteur 0ᵐ95. Plateau 0ᵐ72.

144 — Un Piédestal semblable au précédent. Hauteur 0m95. Plateau 0m80.

145 — Un Piédestal semblable au précédent, Hauteur 0m95. Plateau 0m80.

146 — Un Piédestal semblable au précédent. Hauteur 0m95. Plateau 0m80.

147 — Un grand Piédestal octogone, en marbre noir antique (moulure haut et bas). Haut. 1m25. Larg. 1m05.

148 — Un Piédestal octogone, en stuc (jaune de Sienne). Haut. 1m00. Larg. 0m65.

149 — Un Piédestal rond, marbre brèche d'Alep. Hauteur 0m72. Diam. 0m55.

150 — Un Piédestal rond, semblable au précédent. Haut. 0m72. Diam. 0m,55.

150 *bis* — Un Piédestal carré mouluré haut et bas. Haut. 0m97. Plateau 0m80.

151 — Un Piédestal carré mouluré haut et bas. Haut. 0m97. Plateau 0m80.

GRANDES COLONNES, BASES, CHAPITEAUX

151 *bis* — Une Colonne, cypolin vert. Hauteur 2m95. Diamètre 0m39.

152 — Une Colonne semblable à la précédente. Haut. 2m95. Diam. 0m39.

153 — Deux Chapiteaux, bois doré.

154 — Deux Bases en marbre.

155 — Une Colonne, noir veiné. Haut. 3m30. Diam. 0m41.

156 — Une Colonne, cypolin vert. Haut. 3m35. Diam. 0m40.

OBJETS D'ART

157 — Une Colonne, noir veiné. Haut. 2^{m}05. Diam. 0^{m}28.

158 — Une Colonne semblable à la précédente. Haut. 2^{m}05. Diam. 0^{m}28.

159 — Une Colonne serpentine ornée de sculpture. Haut. 1^{m}10. Diam. 0^{m}36.

160 — Une Colonne semblable à la précédente. Haut. 1^{m}10. Diam. 0^{m}36.

161 — Une Colonne serpentine, avec base et chapiteau, marbres divers. Haut. 1^{m}80. Diam. 0^{m}19.

162 — Une grande Colonne, jaune fleuri. Haut. 5^{m}27. Diam. 0^{m}63.

163 — Une Colonne, marbre rouge. Haut. 2^{m}48. Diam. 0^{m}31.

164 — Une Colonne marbre blanc ornée de sculpture. Haut. 0^{m}98. Diam. 0^{m}28.

165 — Une Colonne torse en pierre (ancienne, style Renaissance), ornée de feuilles, cannelures, chapiteau sculpté, base en marbre. Haut. 2^{m}40. Diam. 0^{m}32.

166 — Une Colonne semblable à la précédente. Haut. 2^{m}40. Diam. 0^{m}32.

167 — Une Colonne semblable à la précédente. Haut. 2^{m}40. Diam. 0^{m}32.

168 — Une Colonne semblable à la précédente. Haut. 2^{m}40. Diam. 0^{m}32.

169 — Un Chapiteau, marbre blanc, style Louis XVI, avec oves. Haut. 0^{m}25. Tailloir 0^{m}51.

170 — Un Chapiteau, marbre blanc, style Louis XVI, avec oves. Haut. 0^{m}25. Tailloir 0^{m}51.

171 — Un Chapiteau, marbre blanc, style Louis XVI, avec oves. Haut. 0^{m}25. Tailloir 0^{m}51.

172 — Un Chapiteau, marbre blanc, style Louis XVI, avec oves. Haut. 0^{m}25. Tailloir 0^{m}51.

173 — Deux grandes Consoles anciennes, marbre blanc
et ornées de sculptures, têtes d'enfants, etc.
Haut. 0ᵐ65. Larg. 0ᵐ65.

174 — Trente-quatre Balustres, carrés rampants, marbre Campan mélangé. Haut. 0ᵐ45. Larg.0ᵐ17.

FUTS DE COLONNES, GAINES, ETC.

175 — Un Fût rouge antique, base en cypolin rose.
Hauteur 1ᵐ82. Diamètre 0ᵐ41.

176 — Un Fût rouge antique, base en cypolin rose.
Haut. 1ᵐ82. Diam. 0ᵐ41.

177 — Un Fût rouge antique, base en cypolin rose.
Haut. 1ᵐ82. Diam. 0ᵐ41.

178 — Un Fût rouge antique, base en cypolin rose.
Haut. 1ᵐ82. Diam. 0ᵐ41.

179 — Cinq Fûts de colonne marbre noir antique, base
marbre blanc et divers. Haut. 1ᵐ07, diamètre 0ᵐ24.

180 — Un Fût marbre blanc, base carrée. Haut. 1ᵐ30,
corps, 0ᵐ40.

181 — Un Fût marbre blanc, moulures haut et bas.
Haut. 1ᵐ20, corps 0ᵐ52.

182 — Un Fût de colonne à base moulurée vert de mer.
Haut. 1ᵐ21. Diam. 0ᵐ29.

183 — Un Socle ovale, marbre blanc. Haut. 0ᵐ25,
larg. 0ᵐ56.

184 — Deux Gaines marbre blanc. Haut. 1ᵐ25.

185 — Deux Gaines marbre blanc. Haut. 1ᵐ25.

186 — Deux Gaines carrées massives, en marbre noir
antique. Haut. 1ᵐ12.

REVÊTEMENTS

187 — Deux Gaines semblables. Haut. 1^m12.

188 — Une Gaîne noir antique. Haut. 1^m20.

189 — Une grande Baignoire marbre rouge de Flandre.

190 — Un Lot de Balcons et Rampes anciens en fer forgé.

REVÊTEMENTS

DE STYLE LOUIS XIV

En marbre blanc et de couleur et bronzes dorés

PROVENANT DE L'ANCIEN HOTEL PONTALBA

(FAUBOURG SAINT-HONORÉ)

DÉSIGNATION SOMMAIRE

191 — La pièce avait environ 100 mètres de superficie (11^m00 × 9^m00). La hauteur totale est de 5 mètres. Il y a trois travers à panneaux et six travers de pénétration à arcade. — Les chapiteaux et bases de pilastres sont en bronze et dorés au mercure.

Chapiteaux...............	16
Quarts de chapiteaux......	4
Bases moulurées	16
Quarts de bases moulurées..	4
Total........	40 pièces.

Les Marbres et Bronzes de ces Revêtements sont montés et raccordés, on peut donc se rendre compte de l'effet produit.

Ve RENOU et MAULDE, imprimeurs de la Compagnie des Commissaires-Priseurs
rue de Rivoli, 144.   1200—82811

9 782329 514925